AF233347

L'OBSERVATEUR AU MUSÉE.

L'OBSERVATEUR AU MUSÉE,

OU

DÉTAILS EXACTS DES TABLEAUX

Qui ont enrichi cette belle Collection en l'année 1824 et celle précédente;

Avec une analyse qui a rapport à chaque sujet.

1. Prise du Trocadéro.

Sur le devant on voit S. A. R. Monseigneur le duc d'Angoulême accompagné de plusieurs officiers supérieurs; ils s'avancent vers le fort attaqué par les Français. Le général en chef porte sur son front l'assurance de la victoire. Le peintre a bien retracé la résistance des Espagnols et l'intrépidité de leurs assaillans, ainsi que l'expression des sentimens dont ils sont agités.

2. Ixion attaché à une roue par les ordres de Jupiter.

Les figures sont très-bien dessinées; mais il y a peu de variété dans leur expression. La pâleur du malheureux Ixion se retrouve sur les traits de la Furie qui devraient être éclairés par les flammes du tartare.

L'amant de l'épouse de Jupiter rappelle ces vers de Demoustier :

Il n'est point de supplice, il n'est point de torture,
    Qui puisse expier la piqûre
    Qu'un mot fait à la vanité.

4. Germanicus sur le champ de bataille où les légions romaines furent massacrées par les Germains.

On reconnaît Germanicus au premier coup d'œil ; il tient un aigle qu'un vieux soldat romain, échappé au carnage, a voulu lui remettre avant d'expirer. L'altération des traits du vieux guerrier , sa pâleur, la noble tristesse de Germanicus , l'expression de l'horreur et du désir de la vengeance qu'on observe sur le front des différens personnages , attestent le goût et le talent d'un artiste distingué.

15. Scène du combat des Centaures et des Lapithes.

Cette scène attire les regards de l'observateur , et plaît par la force et la vigueur du pinceau.

16. Pandore descendue sur la terre par Mercure.

Pandore tient la boîte dans laquelle sont enfermés les destins du genre humain. La délicatesse des contours et l'éclat des couleurs contrastent avec la teinte du tableau précédent.

84. Reddition du fort d'Aboukir.

Les Turcs assiégés et bientôt pressés par la famine sortent du fort d'Aboukir, et viennent s'offrir à la vengeance de leurs ennemis irrités. Les Français prodiguent à ces malheureux tous les secours qu'on peut attendre de la générosité.

Les figures des Turcs , pâles et décharnées , inspirent l'horreur et la pitié. Il y a dans cet ouvrage des beautés locales.

333. Marius à Carthage.

L'envoyé du Préteur signifie à Marius l'ordre de quitter l'Afrique , et demande une réponse : Va dire à ton maître , répond le proscrit, que tu as vu Marius fugitif assis sur les ruines de Carthage.

L'attitude de Marius, les feux du soleil couchans dont l'éclat frappe encore ses épaules et brille sur les traits du soldat romain, des débris épars, tout est en harmonie avec la douleur sombre et fière de l'illustre proscrit.

334. Massacre des Innocens.

Derrière des murs en ruines, une mère croit dérober son fils au glaive des assassins; elle le tient serré contre son sein. Le spectateur frémit avec elle, il partage son émotion et sa terreur.

Cet ouvrage fait une impression profonde, la couleur est d'accord avec le sujet.

335. Attaque et prise de Logrono.

L'assaut est donné par une compagnie de voltigeurs; un jeune tambour, après avoir escaladé le mur, ouvre la porte aux Français, et continue à battre la charge.

Il y a beaucoup de mouvement dans ce tableau, et plus de fini qu'on ne devrait en attendre de la précipitation avec laquelle il a dû être composé.

353. Agamemnon méprisant les avis de Cassandre.

Cassandre, prêtresse de Minerve et captive d'Agamemnon, lui prédit qu'il doit être assassiné par une femme. L'aveuglement du général des Grecs et la terreur inquiète de Clitemnestre sont parfaitement retracés; à gauche, Egiste le poignard à la main ajoute à l'effet du tableau.

418. Cléopâtre.

Désespérant de séduire Auguste dont elle devait orner le triomphe, cette reine se donne la mort par la piqûre d'un aspic qu'on avait apporté caché sous des fleurs. Une des suivantes de Cléopâtre expire à ses pieds, l'autre va la suivre après lui avoir rendu les derniers devoirs.

Lorsqu'on songe aux artifices, aux amours, à l'esprit de cette reine qui captiva César, et qui fit perdre à Antoine l'empire et la vie, on est tenté de répéter ces jolis vers du vieillard de Ferney :

> L'amour règne par le délire
> Sur ce ridicule univers :
> Tantôt aux esprits de travers
> Il fait rimer de mauvais vers,
> Tantôt il renverse un Empire.
>
> VOLT.

La figure de la reine d'Egypte est plein de noblesse. La pâleur de la mort n'a pas terni sa beauté. On peut louer la couleur et l'ordonnance de ce tableau.

423. Famille Indiennne exilée.

Après avoir été chassés de leurs terres par les Européens, ces malheureux, chargés des cendres do leurs encêtres, s'enfoncent dans le désert pour éviter leurs tyrans, et cherchent une nouvelle patrie.

Le peintre a bien saisi le teint et les attitudes des Indiens : leur douleur morne arrache une larme à l'homme sensible qui se rappelle les excès des vainqueurs de l'Amérique.

452. Mort d'Héraclée.

Hiéromine, roi de Syracuse, vient d'être assassiné. Ses oncles cherchent à s'emparer du pouvoir ; mais, trahis à leur tour, ils sont mis à mort. La liberté est proclamée, et l'on décrète l'extermination de la race royale. Des assassins courent chez Héraclée, et la massacrent aux pieds de ses dieux domestiques.

La pâleur siège sur le front d'Héraclée. Cette princesse s'efforce de sauver ses deux filles : on voit sur son visage le mélange de la crainte et de l'amour maternel. Quelques assassins groupés à l'entrée de l'appartement ajoutent à l'effet de cette scène.

470. Psyché, après avoir connu l'Amour.

Psyché, renfermée dans le palais de l'Amour, et ne recevant de cet époux inconnu que des visites nocturnes, s'imagina que celui qui la retenait captive était un monstre, et elle résolut de tout éclaircir. Au milieu de la nuit elle quitte la couche nuptiale, et revient armée d'une lampe et d'un poignard. Quel fut son étonnement en apercevant l'arc et le carquois du dieu de Cythère, sa blonde chevelure et ses yeux entrouverts,

Ces beaux yeux en olive, ardens, voluptueux.

DÉMOUSTIER.

Dans son trouble, elle laisse tomber une goutte d'huile sur la cuisse de son époux. L'Amour se réveille, et, furieux d'avoir été surpris, abandonne Psyché à ses regrets et à sa douleur.

Il y a de la richesse dans les détails. Un pinceau suave et délicat pouvait seul retracer cette charmante allégorie.

473. Agar dans le désert.

Un ange lui découvre une source d'eau. Elle fait boire son fils accablé de fatigue et dévoré d'une soif brûlante.

L'amour maternel embellit Agar. Le peintre a bien exprimé l'avidité et l'épuisement du jeune Ismaël.

498. L'anneau d'Elisabeth.

La reine Elisabeth donna une bague au comte Essex, son favori, et lui dit que si jamais il tombait dans la disgrace, il obtiendrait son pardon en lui renvoyant ce témoignage de sa tendresse. Essex, victime de ses imprudences, fut incarcéré et condamné à mort. Il songea alors à la promesse de la reine, et pria la comtesse de Nottingham de porter la bague à Elisabeth. La comtesse par jalousie, ou gagnée par son mari, n'exécuta pas la commission. La reine, qui attendait qu'Essex lui renvoyât son anneau, crut enfin que le comte ne voulait pas lui devoir la vie, et entraînée par le ressentiment, elle signa l'arrêt d'exécution.

La comsesse de Nottingham à sa dernière heure, ayant obtenu une visite de la reine, lui révéla le fatal secret. Elisabeth indignée s'écria dans un accès de rage et désespoir : Dieu pourra vous pardonner, mais je ne vous pardonnerai jamais.

L'expression de la fureur est répandue sur les traits de cette orgueilleuse souveraine. Sa force, son énergie font ressortir la langueur et l'abattement de la malheureuse comtesse, déjà environnée des ombres de la mort.

503. Oreste au tombeau d'Agamemnon.

Oreste, déguisé en berger, offre un sacrifice aux mânes de son père. A droite on aperçoit son gouverneur.

Le chapeau qui couvre la tête du fils d'Agamemnom ne plaira qu'à ceux qui préfèrent la vérité dans les usages et les mœurs à la beauté idéale.

Le glaive consacré, les libations rappellent les cérémonies religieuses de l'ancienne Grèce.

555. Bianca Capello.

Cette jeune Vénitienne, sortie de la maison paternelle pour aller à un rendez-vous nocturne, avait eu le soin de laisser entrouverte une porte dérobée, au moyen de laquelle elle pût rentrer sans être aperçue. Un voisin, passant devant cette porte, la ferma et ravit à Bianca tout espoir de retraite.

L'imprudente regagne la maison de son père, accompagnée de son amant qui la ramène dans une barque. Quelle est sa douleur en voyant la porte fer-

mée ! Son amant profite de cette circonstance pour la
déterminer à la fuite.

La lumière réfléchie sur les traits de Bianca produit un bel effet. La figure de cette jeune fille est
très-expressive.

556. Bianca et son amant fuyant vers Flo-
rence à travers les Apennins.

La crainte d'être poursuivis leur a fait choisir une
route peu fréquentée ; ils s'égarent. La jeune Bianca,
ayant les pieds déchirés, s'est fait une chaussure
avec des plantes.

Bianca paraît plongée dans une douce mélancolie.
Ce tableau, comme le précédent, brille par l'éclat et
la fraîcheur du coloris.

375. Départ de Léonidas pour les Ther-
mopyles.

L'exécution est soignée ; on trouve de la beauté
dans les proportions, mais la figure de Léonidas ne
paraît pas assez animée.

598. Camille chassant les Gaulois.

Camille renverse la balance dans laquelle on pèse
l'or qu'on doit livrer aux Gaulois, et dit aux Romains
que c'est du fer seul qu'ils doivent attendre la déli-
vrance de la patrie.

Le peintre a conservé à chaque peuple son cos-
tume et sa physionomie. La figure mâle et guerrière
de Camille respire l'audace et la fierté.

656. Ruines de la Haute-Egypte, éclairées
par le soleil couchant.

A droite, sur des débris chargés d'hiérogliphes,
on voit deux jeunes captives que des Arabes vendent
à des marchands du Caire ; à gauche, des Sphinx.

Dans le lointain, l'œil s'arrête sur les pyramides, témoins immobiles des révolutions de 40 siècles, et de la chûte du trône de Cléopâtre et des autels d'Isis.

Les flots du Nil qui baignent ces ruines, les jeux de la lumière, les attitudes, les costumes, les mœurs de l'Orient, produisent un effet admirable et frappent tous les regards.

657. Ruines de Palmyre, éclairées par le soleil couchant.

Des marbres épars, des colonnes, les ruines du temple du Soleil, voilà ce qui reste de cette ville superbe qui lutta contre la puissance romaine, et qui maintenant est à moitié cachée sous des sables déserts.

Ce tableau frappe l'imagination et réveille de grands souvenirs; il est surtout remarquable par la vérité des teintes et le talent de la perspective.

744. Portrait du Roi.

S. M. médite la charte qu'elle va donner à son peuple. Le fini, une ressemblance parfaite et la richesse du dessin, sont le moindre mérite de ce tableau.

746. Répétition avec divers changemens du tableau de Corinne.

La main gauche sur un luth, les yeux tournés vers le ciel, Corinne cède aux élans de son génie. Les spectateurs observent un silence religieux; mais leurs traits expriment leurs sentimens et leur admiration.

Cet ouvrage rappelle un premier chef-d'œuvre.

790. St.-Vincent de Paule, fait prisonnier par les Turcs, convertit un renégat.

Le saint semble embrasé d'un feu divin; l'artiste

a judicieusement placé un Africain sur la droite du tableau pour faire ressortir l'éclat et la beauté des chairs du principal personnage.

820. Portrait de M. le Comte Chaptal.

Ce n'est qu'un portrait, dit-on; oui, mais ce portrait a été tracé par le pinceau d'un grand artiste. La toile est animée, M. Chaptal semble respirer.

450. Familles grecques.

Ce tableau produit un effet terrible. L'expression du malheur et du désespoir est variée selon l'âge et le sexe des personnages Cependant on y voit trop la même carnation et pas assez l'image de la beauté grecque.

1010. Le Scamandre.

Le dieu, les yeux chargés de volupté et le sourire sur la bouche, tend les bras à une jeune fille qui, suivant les mœurs troyennes, vient lui offrir ses prémices.

On admire dans cet ouvrage la fraîcheur du coloris et la molesse des contours.

1155. Intérieur d'un Harem sous la surveillance du chef des eunuques.

Le peintre nous a transporté dans ces beaux et malheureux climats où tout homme un peu riche

Confie

L'honneur de son épouse à ses monstres d'Asie,

Zaïre.

A ces monstres enfin qui, mutilés par un usage barbare, et privés de tout espoir, n'ont de plaisir qu'à voir et à faire des infortunés.

A gauche, on voit le chef des eunuques ; il porte l'ennui et le dégoût sur son visage hideux et basané. Une odalisque essaie un pas devant lui, et déploie les graces de ses membres délicats, tandis qu'une autre lui découvre un sein d'allâtre; toutes appellent le plaisir et la volupté. Le misérable reste insensible ; sa figure n'exprime que la haine et la méchanceté.

Ces oppositions dans les caractères et les personnages, produisent le plus bel effet.

1384. Andromaque.

La veuve d'Hector tend les bras à son fils, le jeune Astianax, et croit revoir en lui l'image de son époux ; à droite Pyrrhus, en proie à l'amour et à la colère, écoute sa captive. La physionomie de Phénix est sévère. On observe avec étonnement que la douleur de Céphise est plus forte, plus profonde que celle d'Andromaque. Le sujet et l'execution intéressent tous les amis des arts.

1485. Henri IV pardonnant à des paysans qui avaient fait entrer des vivres dans Paris.

Ce trait d'héroïsme fait admirer ce prince

« Qui fut de ses sujets le vainqueur et le père. »

VOLT.

La souffrance, la pitié, l'admiration animent toutes les figures. On s'arrête avec plaisir sur ce tableau plein de vérité.

1538. Gaston de Foix trouvé mort après avoir remporté la victoire de Ravenne.

Il est soulevé par les efforts de Bayard ; le peintre a répandu sur sa figure une teinte sombre et morbide. Rien n'est fini, la couleur du ciel est fausse, l'expression et l'ensemble sont pleins de monotonie.

1571. Locuste remettant à Narcisse le poison destiné à Britannicus, après en avoir fait l'essai sur un esclave.

La figure de Narcisse annonce une froide scélératesse, celle de Locuste, l'habitude et la satisfaction du crime. L'esclave meurt dans des convulsions : on voit déjà les progrès du poison sur son visage livide.

1582. Le serment des trois Suisses.

Werner Stauffacher, Walher Furst et Arnold Melchtal, indignés de la tyrannie des Autrichiens, se réunissent, en 1307, dans la prairie de Grülti, au bord du lac des Quatre-Cantons, pour prêter serment de rendre la liberté à leur patrie.

Les rayons de la lune éclairent les trois personnages ; la fierté de leurs attitudes, l'enthousiasme qui brille dans leurs regards, excitent l'admiration de tous les spectateurs.

Il y a dans cet ouvrage de la hardiesse et une grande fermeté de pinceau.

1706. Prise de Pampelune.

S. E. Le marquis de Lauriston reçoit les parlementaires espagnols. Des aides-de-camp sont envoyés sur tous les points pour faire cesser le feu ; le combat dure encore dans la plaine.

Ce tableau paraît digne du beau talent de Carle Vernet.

1708. Gazal, étalon arabe.

A la pose, à la beauté du coursier, on reconnaît aisément la main de l'artiste.

1711. Portrait équestre de S. A. R. Monseigneur le duc d'Angoulême.

La ressemblance est frappante. On est étonné de la beauté des couleurs.

1715. Bataille.

Les Français et leurs ennemis se chargent avec fureur. Tout est d'une vérité effrayante. Comment le pinceau a-t-il pu retracer cette tranquillité dans les chefs, ce mouvement, cet acharnement dans les soldats, enfin l'audace, la rage et la terreur ? On croit voir la fumée, on croit entendre les cris des mourans.

1721. L'exécution militaire.

La figure du malheureux condamné est pleine de noblesse. Sur son front bien développé siégent la résignation et le courage. Le soin qu'il prend d'écarter son chien, qui lui prodigue des caresses et lui marque son inquiétude, le soldat qui du signe et de la voix appelle l'animal, tout attendrit les spectateurs, tout concourt à l'unité d'action et d'intérêt.

8037. Ulysse en butte au courroux de Neptune.

La tempête a brisé le navire d'Ulysse. La foudre sillonne le ciel, les flots sont soulevés. Emporté sur les débris du mât de son vaisseau, le roi d'Ithaque vient de ceindre l'écharpe que lui remit une divinité tutélaire. Neptune paraît, il agite son trident en menaçant le héros fameux par sa patience et son courage
Ce tableau est peint à grands traits.

Imp. de Chassaignon, rue Gît-le-Cœur, n. 7.